Cartomancia Italiana

40 cartas, um destino

Emanuel J Santos | Julio Soares

À Fortuna.

ÍNDICE

AGRADECIMENTOS

O primeiro agradecimento é à Fortuna, essa Senhora abençoada que, com seu sagrado senso de humor, permitiu a publicação dessa obra como ela se apresenta. Esse livro é uma oferta dos autores à Ela. Agradeço a Nath Hera, minha amiga, meu clã, minha ponte Brasil-Itália, que me propiciou a experiência de ter um baralho genovês e poder iniciar essa jornada. Agradeço ao Julio Soares, meu parceiro de escrita, por me acompanhar no processo de entendimento da proposta e do ato interpretativo dessa linguagem. Agradeço a todos os clientes, alunos e amigos que confiam e apostam no meu trabalho nessas duas décadas e, claro, agradeço a você, leitor, que tem esse livro em mãos.

Esse livro foi escrito por você, para você. Aproveite o ensejo e torne esse livro parte da sua própria jornada. O primeiro passo foi dado; os que virão a seguir, serão todos por seu próprio mérito.

Divirta-se.

PREFÁCIO

Para se chegar a um estado de compreensão de uma cartomancia, assim como de qualquer outro oráculo, é necessário um esforço epistemológico frente a um sistema organizado e geralmente hermético. Isso significa que, para entender os significados de cada carta que compõe determinado baralho, não se pode isolá-la do conjunto do qual ela faz parte, mas colocá-la em relação aos seus pares e, tão importante quanto, identificar as referências culturais de onde ela nasce. Se um estudioso de cartomancias diversas está caminhando pela rua e encontra uma carta qualquer entre as folhas secas da calçada, como a Rainha de Espadas, uma série de significados imediatamente virão à sua memória, mas não será possível chegar com segurança a nenhuma conclusão porque não se sabe a qual sistema ela pertence. Entendamos o exemplo como uma situação hipotética, desconsiderando estilos de representação que podem nos remeter com facilidade a determinado baralho. Seguindo, encontrar uma Rainha de Espadas do Tarot de Marselha é diferente de encontrar uma Rainha de Espadas do baralho Lenormand ou mesmo do baralho Genovês. Elas podem ter o mesmo nome, mas agregam significados distintos que só podem ser traduzidos dentro do sistema de linguagem consistente. Por isso a necessidade da investigação epistemológica, com a qual é possível descobrir a formação distintiva de um oráculo.

O filósofo Ludwig Wittgenstein, influente por pensar a questão da linguagem dentro da filosofia, dedicou parte de sua obra a demonstrar a relevância de se pensar as coisas do mundo sempre a partir de suas potências conectivas. Em seu *Tractatus Logico-Philosophicus*, Wittgentein diz no aforismo de número 2.01221:

> "Assim como não podemos pensar objetos espaciais fora do espaço, os temporais fora do tempo, também não podemos pensar nenhum objeto fora da possibilidade de sua ligação com outros. Se posso pensar o objeto ligando-o ao estado de coisas, não posso então pensá-lo fora da possibilidade dessa ligação." (pag 56)

Em outras palavras, o sentido das coisas pode mudar de acordo com as ligações estabelecidas, e por isso a carta da Rainha de Espadas ganha significados diferentes em cada baralho. Assim, os oráculos se constituem na medida em que integram elementos que, quando postos em relação, vão trazer um conjunto de ideias e simbologias que só são possíveis, naquela forma específica, dentro daquele corpo oracular.

É por essa razão que *Cartomancia Italiana: 40 cartas, um destino,* dos pesquisadores e cartomantes Emanuel J Santos e Júlio Soares, prova-se fundamental não só para o estudo e compreensão do baralho Genovês em si, mas também para a contribuição com a genealogia e reconstrução dos saberes oraculares, em especial das cartomancias, demonstrando como a recuperação da história dos baralhos é indispensável a sua imersão. Este livro, mais do que ensinar os significados das cartas, mostra em qual contexto eles foram elaborados e quais percepções simbólicas os atravessam, fornecendo ao leitor um meio de entender as cartas não isoladamente, numa mera memorização, e sim através de suas correlações.

Guilherme de Carli

TODOS OS CAMINHOS LEVAM A ROMA… E ALGUNS A GÊNOVA. OU: DA FORTUNA QUE NOS CABE.

TODOS OS CAMINHOS LEVAM A ROMA. Essa frase, cujo principal significado é que todas as alternativas levam ao mesmo ponto, também pode ser utilizada, contextualmente, nessa obra. Se, originalmente, isso se devia às linhas de comunicação do Império Romano, nesta obra ela ganha os contornos de sincronicidade.

Os caminhos que levam a Roma levaram, Julio e eu, a Gênova. Eu, por meio de uma leitura equivocada dos naipes franceses – que descobrimos, depois, serem genoveses; ele, por um gosto incessante por tudo o que vem da Itália.

Até o erro ajuda no acerto, até o rabisco contribui para o desenho, até o engano contribui para a feitura de uma obra. Coisas da Fortuna.

Eu tenho uma amiga, muito amada, que mora na Alemanha, mas periodicamente vai à Itália visitar a irmã. Sempre que ela está lá, ela pergunta quais baralhos estão faltando na minha coleção e, na medida do possível, traz para o Brasil quando vem visitar a mãe.

Nesses momentos, eu peço sempre por baralhos baratinhos, aqueles que ninguém mais quer, ou aqueles que são comuns por lá. Assim, eu tenho como me aproximar do conteúdo regional, não apenas do que fica famoso globalmente. Para um pesquisador como eu, é sempre importante pensar como as pessoas pensam a Cartomancia em seus próprios lugares, indo deliberadamente na contramão dos oráculos globalizados, cujos significados são cada vez mais homogêneos.

Por exemplo, quantas vezes você já viu os baralhos de Tarô, cujas imagens são as mais distintas de acordo com os catálogos das editoras, e quantas vezes você se dispôs a garimpar baralhos em lojas de artigos para religiões de matriz africana? Encontramos verdadeiras pérolas nesses lugares, e em algum momento eu terei a oportunidade de compartilhar isso com você.

Funciona assim, para mim, em relação aos baralhos de outros países, também, com a diferença que, quanto mais baratinho e regional, mais difícil de conseguir.

Numa dessas vindas para o Brasil, vi um baralho muito semelhante ao baralho francês, e, crendo se tratar de um, pedi que me trouxesse – seria um aprofundamento dos meus estudos em Cartomancia Francesa[1]. Que surpresa, ora desagradável, perceber com o baralho em mãos que ele não era nada do que eu esperava!

Deixei o baralho na coleção, e continuei estudando as Sibillas italianas que vieram no pacote, para poder atualizar meu livro[2]. Nesse ínterim, lancei o curso EAD de Sibillas italianas e, em conversas com o Julio Soares, alinhei a interpretação textual do Cinco de Copas (*allegrezza al cuore,* a alegria) e do Nove de Paus (*Allegria*, a celebração). Nossas conversas, que já versavam sobre a leitura e a prática do Tarô, se voltaram também para a Cartomancia Italiana.

Julio Soares, bom dizer, além de tradutor, é um Ás na história do Tarô, que começa no por volta do *Trecento* italiano, à propósito. Assim sendo, quando começamos a conversar sobre a história do baralho, ele já possuía muitas referências textuais e contextuais sobre como poderíamos abordar o tema. Mostrei a ele as Sibillas Italianas que eu tinha até então e, no pacote, foi aquele baralho que eu julgara francês, pelas imagens, mas que também estava em italiano.

Foi amor à primeira vista entre eles.

---

[1] SANTOS, Emanuel J. *Cartomancia:* Teoria e prática. São Paulo: Alfabeto, 2016.

[2] SANTOS, Emanuel J. *Sibilla Della Zingara:* Subsídios para o estudo do oráculo a partir da história da arte. Três Corações: Edição do autor, 2016.

Eu fotografei as cartas imediatamente para ele, e juntos decidimos estudar aquele baralho. Peguei um Copag, separei as cartas pertinentes, e escrevi os significados nas cartas, traduzidos pelo Julio. Ele fez o mesmo. Começamos a jogar. E os resultados foram muito animadores. Muito *mesmo*.

Desde então, debruçamo-nos em história, iconografia, economia, cultura, cartomancia, religiosidade, tradução, desfazendo preconceitos – o baralho nunca fora francês, para começo de conversa – e chegamos ao conteúdo que você tem em mãos agora.

Esse livro é dedicado à Fortuna, a Senhora que nos abençoou durante todo o processo de pesquisa e escrita desse trabalho. Desejo que Ela seja generosa e atenta aos seus pedidos.

Emanuel J Santos
Inverno de 2020.

LABIRINTO ESTRANGEIRO

Além da cartomancia, a tradução do italiano sempre foi uma companheira de caminhada, tanto a nível pessoal quanto profissional. A cartomancia é, ao meu ver, uma linguagem: um embaralhar de cartas cria conceitos linguísticos, construções sintáticas e semânticas cuja significação criam sentimentos de espanto e maravilha, onde a imaginação ganha força e, a partir dela, traduz-se um jogo. Wirth fala, em seu *le tarot des imagiers du moyen âge* (1926), que "adivinhar é imaginar com justeza". A adivinhação é um ato de — diante das possibilidades lexicais fornecidas pelo embaralhar e dispor das cartas — imaginar as possibilidades simbólicas. Porém, diante de escolhas lexicais limitadas, a imaginação deve ser com justeza, tornando-se então uma tradução. Não podemos fugir do símbolo, não podemos ir além do que a carta mostra, do que a palavra que a acompanha diz. Este jogo de combinação reforça uma coisa a respeito dos tradutores-cartomantes: somos sempre o outro.

Quando fui apresentado ao baralho Genovês pelo Emanuel, fiquei extremamente encantado pelas cartas. Os termos escritos nas cartas são tão caracteristicamente italianos, tão enraizados linguisticamente, que a sua própria leitura é extremamente ligada a este conhecimento linguístico. Traduzir tais cartas me pareceu algo urgentemente necessário. Diante do processo tradutório, me vi pensando em processos cartomânticos completamente diferentes daqueles com os quais sempre fui acostumado com o Tarô. A mecânica desta cartomancia é incrível, extremamente ligada a fatores culturais muito imersos na Itália: desde os conceitos das cartas até aos jogos específicos para a loteria, tudo reflete este outro. Traduzir este baralho e conhecer esta cartomancia me lançou olhares a respeito de como ser o outro, de como virar algo, ou alguém, completamente novo a partir destes símbolos providos pelo baralho em sua aparente simplicidade, que revelam na realidade uma complexidade simbólico-tradutória gigantesca. Espero que o leitor que aqui se encontre tenha uma visão tão encantada sobre este "outro" quanto eu.

Julio Soares
Primavera de 2020.

1 CONTEXTUALIZAÇÃO

A Itália ocupa um espaço um tanto quanto curioso na Europa: o fato de ser uma península que fica mais ou menos no centro do continente fez com que esta terra tenha servido enquanto caminho de diversos povos, seja com o intuito de ali se estabelecerem por determinado período, quer pelo intuito de apenas utilizá-la enquanto ponto de descanso. Essa terra-de-ninguém, ao longo do tempo, foi sendo invadida e visitada pelos mais diversos povos: bárbaros, gregos, hispânicos, mouros, etc, antes de se tornar um país. Além disso, a sua configuração geográfica também foi de grande contribuição para uma pluralidade cultural cujos traços podem ser vistos até hoje. Os montes conhecidos como "appennini" (literalmente "pequenos alpes") são quase que uma divisão natural da península em um lado leste e outro oeste. No Norte da Itália e em outros pontos menos conhecidos, encontramos pontos de encontro entre estes, onde geralmente há um território com mais planícies e abundância de água. Nestes pontos específicos, grandes civilizações emergiram e prosperaram. O fato de Milão ser conhecida como uma das cidades mais ricas da Itália não é mero acaso: até mesmo a sua geografia permite que haja plantações de maior fertilidade, por exemplo. Esta posição e característica geográfica única da Itália tem diversas importâncias históricas: do desenvolvimento dos primeiros povos italianos até a Segunda Guerra Mundial, da fundação da economia agrícola italiana até origem da língua falada.

Estas características reforçaram o isolamento físico e cultural entre os povos regionalmente localizados. Isso influenciou nas suas crenças, mitos, hábitos alimentares e questões idiomáticas. Sendo um produto cultural, o baralho também vai sofrer as influências de cada território na sua produção, refletindo características que, por um lado, tornam as cartas familiars no território em que são produzidas e, por outro, diferenciando dos territórios contíguos, conferindo até mesmo certa identidade local à prática dos jogos de cartas.

A Itália sempre foi um país com esta característica de absorção de aspectos daqueles povos que vinham de longe. A conexão geográfica por terra com países como França, Suíça, Áustria e Eslovênia, e aquela por mar com todos os países banhados e abençoados pelo Mar Mediterrâneo, certamente trouxe influências também na fabricação de cartas. Podemos supor que essa característica se deva à própria natureza do Imperio Romano, que se mesclava culturalmente aos locais conquistados sem impor sua religião e cultura frontalmente. Por reflexo, os hábitos dos outros povos não seriam vistos de maneira xenofóbica.

Muito se sabe a respeito dos baralhos de Tarô mais antigos, e o fato de que a maior parte deles encontram suas origens na Itália não é mistério, o interesse desta pesquisa parte dos baralhos comuns, as famosas *carte da gioco*, que, além de seu uso lúdico, também afloraram dentro das artes divinatórias no século XIX. Antes de entrarmos na cartomancia italiana em si, precisamos, porém, entender os diversos tipos de baralhos que são produzidos neste país.

Os baralhos ditos italianos possuem muito a característica da pluralidade que cito acima. Estes baralhos costumam ter características estruturais e representativas de outros, geralmente por serem produzidos em locais onde houve uma forte migração ou mesmo dominação estrangeira.

Possuímos ciência dos seguintes tipos de baralhos de cartas de jogar na Itália:

1. Baralhos italianos com naipes italianos

Os naipes italianos são aqueles conhecidos como *coppe*, *ori* ou, mais comumemente, *denari*, *bastoni* e *spade*.

Este estilo de naipe assemelha-se ao espanhol, mas é importante notar as suas diferenças: uma forma fácil de reconhecer a origem do naipe será pelas Espadas. No padrão italiano de naipes, elas assemelham-se muito mais às cimitarras, enquanto no padrão espanhol elas parecem-se mais com "adagas" ou mesmo as "espadas bastardas". Da mesma forma, temos, no naipe italiano de paus bastões longos e retos, enquanto o naipe espanhol assemelha-se mais a uma clava ligeiramente curva e maior em comparação àquela italiana. Possuem 40 cartas, sendo as numeradas do ás ao 7, o valete, cavaleiro e rei. Encontram-se mais comumente no Vêneto, Treviso, Trento, Bergamo, Brescia, e Trieste.

2.   Baralhos italianos com naipes espanhóis

Os naipes são divididos em *copas*, *oros*, *bastos* e *espadas*. Possuem o mesmo número de cartas que os baralhos com naipes italianos. Geralmente podem ser encontrados em locais como Nápolis, na Sicília, Sardegna, Emilia-Romagna e algumas províncias da Lombardia. É interessante notar que boa parte destes locais tiveram forte influência da cultura espanhola, seja através de relações comerciais, que por dominação territorial.

3.   Baralhos italianos com naipes franceses

Os naipes franceses são, em italiano, *cuori*, *fiori*, *quadri* e *picche*. Possuem 40 cartas que vão do Ás ao 7, e figuras de Valete, Dama e Rei, curiosamente, diferente do modelo francês do Piquet, que é As, K, Q ,J, 10 a 6. É praticamente a contagem oposta. Costumam encontrar-se nas regiões do Piemonte, Toscana, Lombardia e Ligúria, onde nasceu o padrão Genovês, que se espalhou para outras cidades lígures, tais como La Spezia, Novara e Savona.. O padrão Genovês difere-se dos outros baralhos italianos de naipe francês por possuírem um corte diagonal em suas cartas.

4.   Baralhos italianos com naipes alemães

Os naipes alemães têm, assim como os baralhos italianos, fortes características regionais. Temos naipes da Baviera, Saxônia, Prússia, etc. Estes baralhos possuem produção na região de Bolzano, no Alto-Adige, região italiana com bastante proximidade da Alemanha.

Na figura abaixo, podemos ver mais ou menos a distribuição dos baralhos na Itália. Temos, nas regiões que compreendem do número 1 a 5, baralhos com naipes italianos. De 6 a 10, encontram-se em maioria naipes espanhóis, de 11 a 15, franceses, e, na 16, baralhos com naipes alemães.

É interessante notar como a imagem explicita bastante a importância do fator geográfico. As regiões onde há baralhos com naipes franceses são conhecidas até hoje por fazerem forte conexão com a França, enquanto aquelas com naipes espanhóis foram dominadas pela Espanha em algum momento da Itália. As regiões com os famosos "naipes italianos" são o berço das ideias que formaram a Itália enquanto país.

2 OS QUATRO NAIPES

A estrutura básica um baralho parte da elaboração dos seus naipes. Tradicionalmente, são quatro, participando de toda a natureza da Quaternidade:

Quatro Evangelhos, escritos por quatro Evangelistas: Matheus, Marcos, Lucas e João.
Quatro animais sagrados: Touro, Leão, Águia e Homem.
Quatro direções: Frente, Trás, Esquerda, Direita.
Quatro pontos cardeais: Norte, Sul, Oeste e Leste.
Quatro signos cardinais: Áries, Câncer, Libra e Capricórnio.
Quatro signos fixos: Touro, Leão, Escorpião e Aquário.
Quatro signos mutáveis: Gêmeos, Virgem, Sagitário e Peixes.
Quatro Elementos: Terra, Água, Fogo e Ar.
Quatro momentos do dia: amanhecer, meio dia, anoitecer, meia noite.
Quatro fases lunares principais: Nova, quarto crescente, plenilúnio, quarto minguante.
Quatro momentos da vida: infância, adolescência, fase adulta e velhice.[3]

---

[3] Essas idades correspondem à uma leitura contemporânea. Se pensássemos em eras pregressas, seria mais coerente dizer infância, fase adulta, maturidade e velhice. A adolescência, como um interlúdio entre a infância e a idade adulta, é um fenômeno contemporâneo, que não pode ser

Os padrões mais conhecidos atualmente são o padrão internacional – uma mistura do padrão francês com a corte inglesa –, o padrão francês e o padrão espanhol. O primeiro corresponde ao que chamamos costumeiramente de *baralho comum*: 52 cartas, mais dois coringas, compostos por A (Ás), 2 a 10, J (*Jack*), Q (*Queen*) e K (*King*) em quatro naipes: Paus, representado por um trevo; Copas, representado por um coração; Espadas, representado por uma folha, ou ponta de lança; e Ouros, representado por um losango.

O padrão francês possui as representações supracitadas, tendo os naipes de Trevos (*Tréffles*), Corações (*Coeurs*), Espadas (*Piques*) e Losangos (*Carreau*). Em português, não há variação na nomeação dos naipes, já que a representação é a mesma dos naipes do padrão internacional. As cartas da Corte são nomeadas: em Paus, o Rei corresponde a Alexandre Magno; a Dama a Argine; o Valete a Lancelot. Em Copas, o Rei corresponde a Carlos Magno, a Dama a Judite, o Valete a La Hire. Em Espadas, o Rei corresponde a Davi, a Dama a Athena, o Valete a Ogier. Em Ouros, o Rei é Júlio César, a Dama é Rachel e o Valete, Heitor de Troia[4].

O padrão espanhol possui cartas com representação próxima à ilustração, com gládios, taças, moedas e clavas. A corte é composta por Valete, Cavaleiro e Rei, que não possuem nomeação: são numerados após a última carta numerada, que pode ser o 10 ou o 9, assumindo assim o título de 10, 11, 12 ou 11, 12 e 13. Para a identificação dos naipes, contamos com as *pintas* – divisões no topo e na base das cartas, que apontam para o naipe, permitindo que o jogador não precise abrir o leque para conhecer suas cartas: O naipe de Ouros não tem sinais (ou seja, a linha do retângulo é fechada); o de Copas tem uma interrupção; o de Espadas, duas; e o de Paus, três.[5]

O padrão genovês (junto com o piemontês) é um modelo de naipe francês derivado do padrão de Paris que havia sido exportado para toda a Europa e amplamente utilizado em cassinos.

---

ignorado: a maior parte dos eventos que trazem um consulente à nossa mesa são vividos a partir da adolescência.

[4] Para maiores informações, cf. SANTOS, Emanuel J. *Cartomancia: teoria e prática*. São Paulo: Alfabeto, 2016.

[5] Cf. SANTOS, Emanuel. "O Baralho Espanhol: História, estrutura e interpretação cartomântica". Disponível em clubedotaro.com.br/site/h23_17_espanhol.asp. Acesso em 17 ago 2020.

As cartas da corte não são nomeadas, como no padrão francês, e são divididas diagonalmente por uma barra lisa. O valete tem um escudo triangular com o brasão da antiga Holanda espanhola. A coloração é frequentemente verde, dourado, vermelho e preto em vez do azul francês mais usual, vermelho e amarelo. Os pacotes genoveses têm 36, 40 ou 52 cartas e nenhum índice de canto. O padrão também é usado na Bélgica, então o nome do fabricante ajuda na identificação de sua procedência.[6]

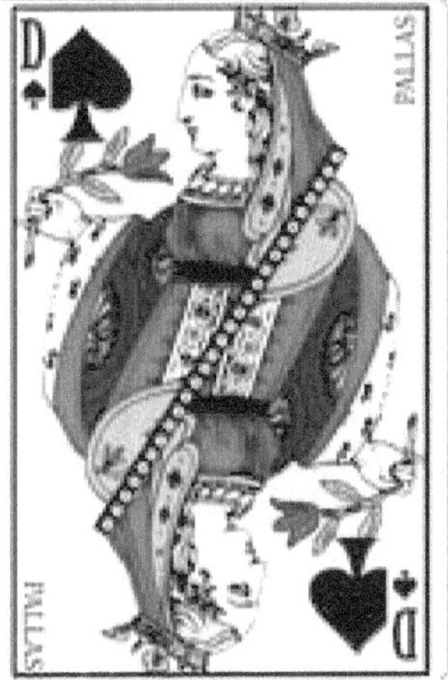

Dama de Espadas no padrão genovês (esquerda) e de Paris (à direita). Note a diferença das cores e a ausência de título no padrão genovês.

---

[6] Baseado no texto original: "The Genoese pattern (along with the Piedmontese) is a French suited design derived from the Paris pattern which had formerly been exported throughout Europe, used widely in casinos. The courts are not named and are divided diagonally with a plain bar. The jack of clubs has a triangular shield bearing the coat of arms of the former Spanish Netherlands. The colouring is often green, gold, red and black instead of the more usual French blue, red and yellow. Genoese packs have either 36, 40 or 52 cards and no corner indices. The pattern is also used in Belgium, so a maker's name helps with identification." https://www.wopc.co.uk/italy/genovesi acesso em 27 abr 2020

3 AS CARTAS

Dama de Espadas
Donna di Picche

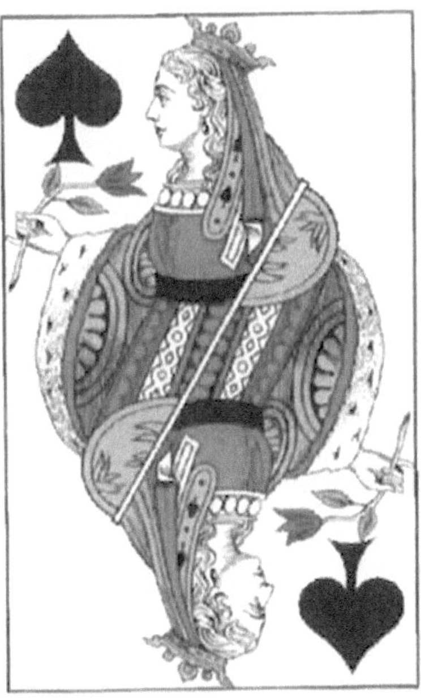

A DAMA DE ESPADAS é a carta mais importante desse baralho em seus jogos específicos: com ela, determinam-se quais cartas comporão o jogo adivinhatório. É curioso pensar que, no desenvolvimento dessa cartomancia, tenha sido escolhida uma das cartas mais temidas do baralho.

Na literatura, temos alguns exemplos do uso de cartas para representação seja de pessoas, seja de eventos. Aleksandr Puchkin (1799-1837), um dos maiores poetas russos, possui um conto que gira em torno da figura da Dama de Espadas[7]. Nesse conto, toda a fortuna de uma senhora gira em torno de um segredo envolvendo o carteado. A trama se desenvolve em torno da descoberta do segredo dessa mulher.

---

[7] http://www.editora34.com.br/detalhe.asp?id=122. Acesso em 25 abr 2020.

Essa carta representa uma mulher má, ou inimiga direta. Podemos interpretar assim em todos os jogos em que a Dama de Espadas não for a carta de comando; nesse caso, ela perde todo o seu significado maléfico e passa unicamente a representar o consulente e seus interesses.

Interpretação da carta

Mulher malvada, má. Inimiga, seja momentaneamente – em relação a uma disputa ou um envolvimento amoroso – seja por longa data, causada por mágoa, rancor ou ressentimento, que visa seu mal seja por desgostar de sua pessoa, seja por desejo de vingança por atitudes já cometidas. Implacável e cruel, não economizará esforços para ver o seu sofrimento.

Carta Testemunha. Em alguns jogos, é a carta utilizada para determinar quais cartas entram no jogo para a elaboração dos prognósticos, sendo, por isso, a carta mais importante do baralho. Veremos isso adiante.

Rei de Espadas
Re di Picche

O REI DE ESPADAS é um homem obscuro, misterioso, que guarda para si as informações que considera importantes e pertinentes. Se, por um lado, isso o torna uma pessoa discreta e, por isso, respeitável, por outro lado impede que confiemos nele completamente – ele ouvirá o que temos a dizer, mas guardará suas opiniões apenas para si.

Por guardar as informações para si, e não estar disponível para o diálogo, o Rei de Espadas tende a tomar decisões que não levam em consideração os interesses alheios, sejam eles emocionais, profissionais ou financeiros. Caso verifique que o momento não lhe é favorável ou que a situação não lhe oferecerá nenhum tipo de vantagem ou lucro, o Rei de Espadas não tem problema nenhum em abandonar o barco.

Interpretação da carta

Homem obscuro, misterioso. Homem voltado para os seus próprios interesses. Homem sobre quem pouco ou nada se sabe.
Abandono inexplicável. Quebra da confiança, prejuízo, palavra sem peso. Fim de um compromisso.

Guia de leitura: REMEDIAR.

É interessante notar que *rimediare*, no centro da Itália, também possui um sentido de "encontrar" ou "obter com certa dificuldade". Em sentido figurado, também pode indicar "obter algo desprazeroso, negativo"; além de também poder significar "improvisar", "dar um jeito".

Valete de Espadas
Fante di Picche

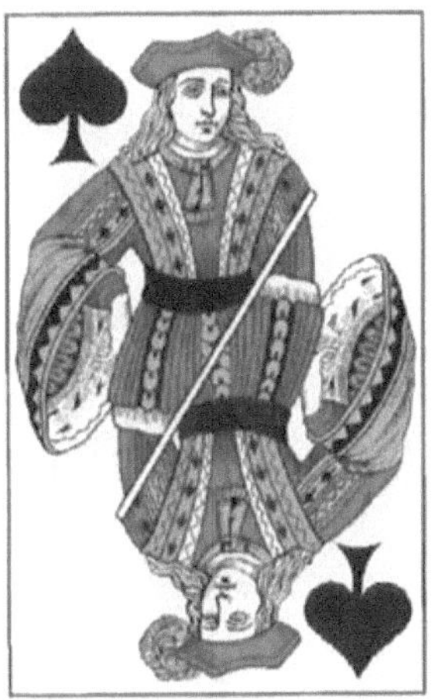

O Valete de Espadas é um jovem insidioso, cuja fala é perigosa por ser cheia de falsidade. É traiçoeiro e enganador, pensando sempre na sua maior vantagem frente qualquer um que se aproxime dele. Sua lealdade é condicionada às vantagens que obtém; ainda assim, atraiçoará a mão que lhe foi estendida na primeira oportunidade de ascensão. Como é um fingidor, abrirá sorrisos para quem deixou para trás e, se questionado em seu comportamento, fingirá surpresa e vestirá a capa da vítima, que, a propósito, não lhe serve nada bem.

Interpretação da carta

Jovem insidioso. Jovem perjuro, oportunista, maquiavélico.
Credor prepotente. Situação vexatória devido a um débito, seja ele material ou não. Necessidade de cuidar daquilo que se deve antes de exigir uma posição de quem se cobra.

Guia de leitura: ENERGIA.
Ação ou reação enérgica e entusiasmada, de acordo com a sequência que lhe segue.

Rei de Copas
Re di Cuori

O Rei de Copas é um homem influente, de bom nascimento ou de posses, que é afeiçoado ou tem bons sentimentos pelo consulente. Tende a favorecê-lo, seja apresentando bons contatos, seja patrocinando diretamente. Possui natureza generosa, e torce pelo bom desenvolvimento das questões que o consulente traz ao jogo. Pode representar o pai, padrinho, advogado, professor ou mesmo um patrocinador ou contratante.

Interpretação da carta

Protetor, homem influente. Lobby. Professor. Pessoa em quem se pode confiar ou se inspirar.
Militar que pensa em você. Homem de influência que se preocupa com seus interesses.

Guia de leitura: O APRECIE!

Nem sempre podemos contar com o apoio de pessoas mais poderosas, influentes ou simplesmente interessadas em nossas questões.

Dama de Copas
Donna di Cuori

Dama de Copas é uma mulher que nutre bons sentimentos pelo consulente: tanto confia no consulente quanto se mostra confiável, sendo um testemunho que amizade é uma via de mão dupla. Para um homem, é uma mulher que nutre não apenas sentimentos de amizade, como também afeto genuíno e desejo de relacionamento. É fácil reconhecer uma Dama de Copas em nossas vidas: são mulheres cuja mera lembrança nos faz sorrir.

Interpretação da carta

Amiga de confiança. Confiança mútua. Verdade. Palavra. Dedicação. Afeto. Mulher apaixonada.
Acordo de matrimônio. Casamento, parceria, sociedade.

Guia de leitura: SERIEDADE.

Palavra dada, palavra cumprida.

Valete de Copas
Fante di Cuori

Jovem belo, de sorriso fácil e sincero, de bom humor e boas intenções. Apaixonado, empolgante, aventureiro, incentivador, assume a liderança e dá o primeiro passo em qualquer aventura. É necessário cuidado, em relação a isso, pois não mede esforços e nem consequências para aquilo que acelera o seu coração.

Interpretação da carta

Jovem apaixonado, amigo. Rapaz de boas intenções e índole voluntariosa, cuja empolgação é contagiosa.
Pretendente rico à vista.
Ainda que "ricco", em italiano, refira-se majoritariamente à questão financeira, há também a possibilidade de indicar uma pessoa valorosa, honrosa.

Guia de leitura: SE EMBELEZE. Quando estamos próximos a uma boa notícia, a um evento importante, a um encontro amoroso, é importante que estejamos prontos, perfumados e bem vestidos.

O amor não sabe esperar.

Rei de Paus
Re di Fiori

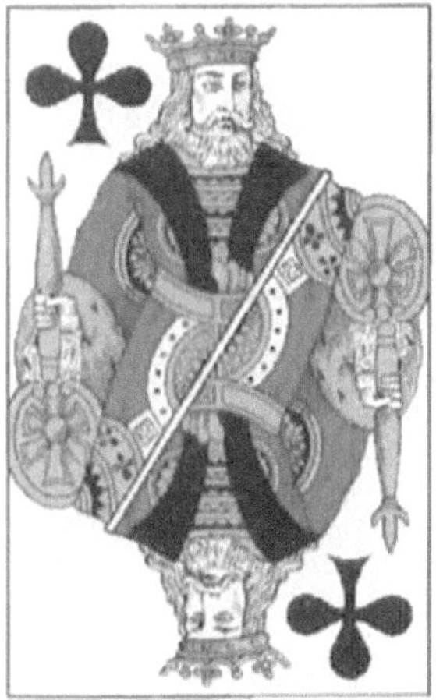

Homem distinto, importante. Ao contrário do Rei de Copas, não nutre sentimentos *a priori* pelo consulente, ainda que o consulente mantenha por ele a mesma relação de respeito e confiança. De certa forma, podemos dizer que a relação é unilateral, mas ainda assim é poderosa – é a mesma relação que nutrimos com nossos ídolos musicais e escritores favoritos: nos inspiramos neles, ainda que muito raramente eles venham um dia a saber disso.

Interpretação da carta

Homem importante, conquista. Um referencial a ser alcançado. Um objetivo a ser vivido. Uma promessa a ser cumprida. Encontro com um homem que virá a ser significativo nos próximos tempos.
Comerciante apaixonado. O adjetivo "apaixonado" aqui tem dois sentidos: o primeiro é associado à sua própria profissão, no sentido em que faz o que ama e/ou faz tão bem feito que inspira os demais. Entretanto, pode também ser alguém honestamente interessado pelo consulente.

Guia de leitura: CUIDE DELE.

Não é todo dia que encontramos uma relação preciosa e, quando estamos diante de uma, precisamos ser cuidadosos, atenciosos, caprichosos. Ciosos daquilo que essa relação representará, trabalhamos no presente para o sucesso futuro.

Dama de Paus
Donna di Fiori

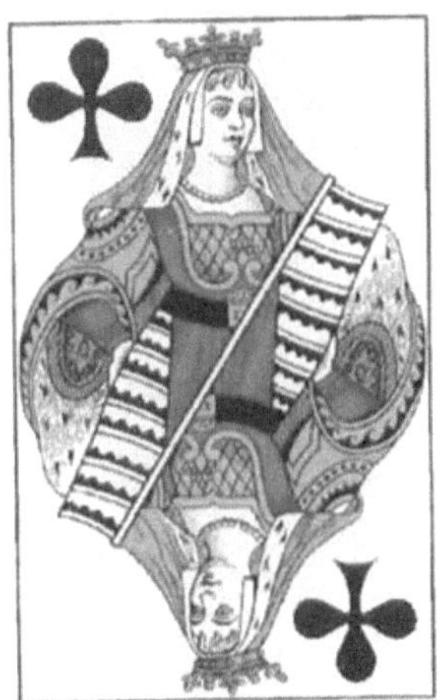

omo avaliar o valor de uma pessoa? Normalmente, lançamos mão de posições já arraigadas na nossa sociedade, para dizer o que é uma moça de fino trato, uma bem nascida, uma mulher diferente das outras. Todos esses valores caem diante de uma Dama de Paus. A Dama de Paus é a mulher que referencia os valores pessoais e culturais de determinada época, não os predicados que norteiam o sujeito. Sua presença é sempre admirável e reconhecível pelos olhares que se voltam todos para ela.

Interpretação da carta

Mulher de valor, sucesso. Sucesso em empreendimentos, bons conselhos, boas companhias, mulher admirável.
Pedido por escrito. O valor da palavra associado à assinatura. Documentos. Promessas. Confirmações.

Guia de leitura: ESPERANÇA.
A Esperança é uma lâmina de dois gumes afiados. É importante confirmar se as promessas do jogo serão cumpridas ou não passam de promessas.

Valete de Paus
Fante di Fiori

Brilhante, promissor, ambicioso. São todas características desse Valete, embora não sejam as únicas. Um rapaz estrategista, com planos factíveis, desde que com o devido apoio e suporte daqueles que lhe são superiores – ele não os decepcionará, e ainda devolverá o que lhe for confiado em dobro.

Interpretação da carta

Jovem importante, fortuna. Um jovem exemplar, inteligente, aplicado, estudioso, promissor. *Fortuna*, em italiano, também representa sorte – e sim, esse Valete é sortudo: a sorte é generosa com os corajosos. *Artista lhe pressionando.* O Valete de Paus não entende que as outras pessoas têm seu próprio tempo, e tende a ser muito exigente nas promessas que lhe são feitas. Em italiano, a palavra *sollecitare* também pode falar sobre o ato de insistir, estimular, incitar.

Guia de leitura: FELICIDADE. Um momento de plenitude e abundância no que concerne o contexto do jogo.

Rei de Ouros
Re di Quadri

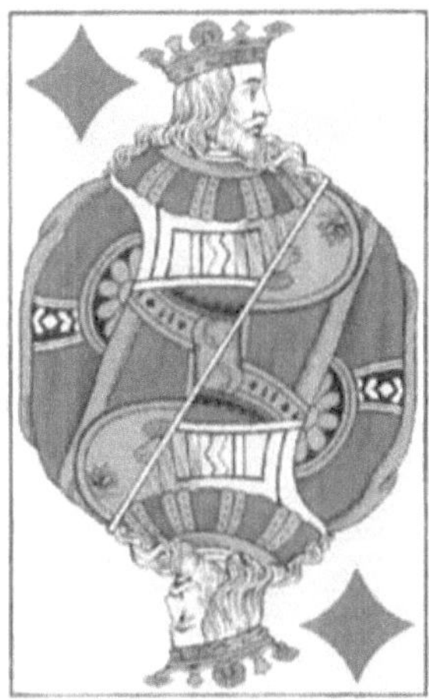

Homem de negócios, empreendedor, empresário, empregador. Os interesses do Rei de Ouros estão ligados aos seus ganhos; fama, distinção e amor não lhe interessam, ainda que tenha todos eles. A meta do Rei de Ouros é clara, direta, uma linha reta. Aqueles que com ela colaborarem, serão bem vindos ao seu círculo de relações. Aqueles que, ao contrário, oferecerem resistência ou criarem problemas.... Bem, esses verão uma face não muito simpática desse homem.

Interpretação da carta

Homem de negócios, atividade. Dedicar-se a algo. Foco na meta. Projeto em andamento. Emprego. Empreitada..
Militar que deseja você. Desejar, nesse caso, não é apenas de forma sexual, mas como interesse nas habilidades do consulente. Em italiano, a palavra usada é *graduato*, que geralmente indica um oficial militar; entendemos, nesse caso, seu sentido amplo, como alguém que possui distinção.

Guia de leitura: ALERTA. Cuidado com aquilo que se apresentar no contexto do jogo. Nem tudo o que brilha é ouro. Desconfie.

Dama de Ouros
Donna di Quadri

Mulher de importância, status e reconhecimento. Rica, de posses, patroa, madame. Sabe o que – e quem – comprar. É uma aliada valorosa, porque seus interesses vêm em primeiro lugar: se os interesses dela e do consulente se alinham, é um forte indício de sucesso em quaisquer empreitadas que o consulente estiver planejando. Entretanto, não convém se colocar no caminho de uma Dama de Ouros: ela não perderá a razão, e você perderá a cabeça.

Interpretação da carta

Mulher rica, importante. Senhora de posses, primeira dama, empresária, poderosa financeiramente ou capaz de *lobbies*.
Amiga que ajeitará qualquer coisa. Amiga habilidosa que não medirá esforços para auxiliar o consulente – os interesses dela e do consulente estão alinhados.

Guia de leitura: DUVIDE. Nem tudo o que brilha é ouro, mas só olhos treinados são capazes de identificar um e outro. Tenha o pé atrás com o que aparenta ser fácil ou bonito demais.

Valete de Ouros
Fante di Quadri

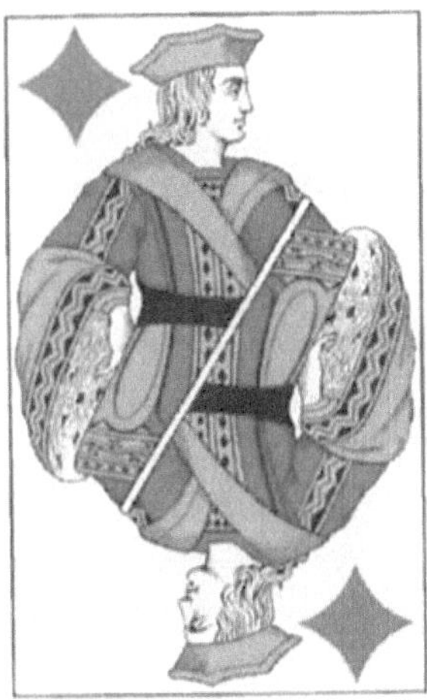

Jovem cuja perspicácia e argúcia saltam aos olhos; entretanto, se mostra mais discreto e pontual que o Valete de Paus. A sua presença não passa desapercebida, mas sua contribuição às conversas é sempre deliberada e no momento que considera pertinente. Se um Valete de Ouros flertar com você, você já está nos pensamentos dele há muito tempo.

Interpretação da carta

Jovem interessante. Entendendo "interessante" como alguém que sempre chama atenção, já que o Valete de Ouros preenche o espectro entre o esquisito e o fascinante.

Um jovem interessado por você. Para chamar sua atenção, pode tanto ser gentil quanto provocativo, e é importante perceber que sua atitude não é gratuita.

Guia de leitura: FIQUE DE OLHO! Assim como no ilusionismo, em que "a mão é mais rápida que o olho", as atitudes dizem mais que as impressões.

Sete de Espadas
Sette di Picche

Interpretação da carta

Lágrimas, despreazer. Momento que está entre o enfado e a tristeza, Más notícias. Surpresas desagradáveis. Decepções.
Inconvenientes inesperados. Situações que correspondem ao oposto do esperado. Desvios. Desgostos. Frustrações.

Guia de leitura: ANSIEDADE. Um dos males da contemporaneidade, é a dificuldade de estar no momento presente.

Seis de Espadas
Sei di Picche

Interpretação da carta

Controvérsia, litígio. Processos, questões que demandam mediação, briga de casal, ortodoxia, posicionamento divergente.
Indisposições físicas. Mal estar, doença, desânimo, fraqueza, debilidade.

Guia de leitura: REPOUSE. Há tempo para tudo debaixo do céu, inclusive para aguardar momento oportuno – que não é agora, mesmo que você queira.

Cinco de Espadas
Cinque di Picche

Interpretação da carta

Contrariedade, desilusão. Cair em si, depois de muito esforço. Desperdício de energia. Mau humor.
Perda de uma causa grave. Tanto pode representar a perda de um processo jurídico como o vexame de perceber que o seu ponto de vista estava equivocado desde o começo.

Guia de leitura: FILOSOFIA. Entendendo a Filosofia como o estudo de questões gerais e fundamentais da existência humana, transformados em problemas epistemológicos, essa posição aponta para o questionamento, a discussão e a dificuldade em aceitar algo de forma tácita.

Quatro de Espadas
Quattro di Picche

Interpretação da carta

Falsidade. Desde a politicagem para obter vantagens até o sorriso amarelo para engolir sapos, para evitar problemas futuros maiores, nem sempre é possível ser honesto com os próprios sentimentos. Também pode representar que o interlocutor não é confiável.

Litígio com pessoas íntimas. Cuidado para não deixar escapar suas opiniões aonde não deve. Muitas brigas seriam evitadas se, ao invés de falar achando que o outro concorda, tentássemos perguntar "o que você acha de…" primeiro.

Guia de leitura: DEFENDA-SE. Uma postura defensiva é a mesma postura que assumimos quando usamos as peças pretas do xadrez: ao invés de começarmos o jogo, damos continuidade a ele. Defender-se é necessário para estudar o adversário sem sofrer dano.

Três de Espadas
Tre di Picche

Interpretação da carta

Dano, perda. Algo se vai, algo se foi. Como lidar com isso bem é que é o desafio da vez.

Questões por interesse. Pense nas suas demandas e repense suas atitudes.

Guia de leitura: AJUSTE. Saiba ser maleável.

Dois de Espadas
Due di Picche

Interpretação da carta

Viagem, desventura[8]. Partida curta. Viagem não programada, fim de semana, desagrado, frustração.

Desgostos íntimos com relação ao amor. Momento em que a primeira paixão passa, e os maus hábitos aparecem. Expectativas íntimas frustradas. Manter as aparências.

Guia de leitura: REPARE. Preste atenção. Conserte.

---

[8] É muito curioso que nessa carta o conceito de *viagem* – normalmente tida como uma situação favorável – é ladeado pelo de desventura, ou seja, por situações que dão errado.

Ás de Espadas
Asso di Picche

Interpretação da carta

Notícia ruim. Notícia esperada, porém de resposta inversamente proporcional. Ansiedade frustrada. Desgosto. Jornal matinal. Questões que não te afetam diretamente mas que mudam negativamente seu humor.

Adversidade, desengano. Dificuldade que te leva a questionar se dará conta de resolver. Desânimo. Entretanto, note que *desengano* fala sobre perceber os enganos e as ilusões e enxergar a realidade, incluindo as dores que isso causa

Guia de leitura: ÂNIMO. Coragem, inspiração, fidelidade aos próprios ideais, autoestima. Ânimo (palavra ligada à inteligência, nobreza; mas também pode-se dizer que alguém tem um "ânimo ruim", "perverso". Pode-se ter ânimo forte, fraco, como se o ânimo fosse uma potência. Vem da palavra "anima", alma.

Sete de Copas
Sette di Cuori

Interpretação da carta

Conquista. Alcançar um objetivo há muito acalentado. Encontrar o sucesso. Finalizar uma etapa. Garantir um resultado.

Idílio amoroso descoberto. Mensagens no celular, nas redes sociais ou em grupos que acabam indo para pessoa errada. Viralização.

Guia de leitura: ACALME-SE. Nada é tão grave quanto parece. Esfrie a cabeça e veja a situação por outro ângulo.

Seis de Copas
Sei di Cuori

Interpretação da carta

União, conselho. Uma opinião bem vinda. Ponto de vista diferenciado. Acompanhamento, tutoria. Orientação.

Sucesso no amor ou no jogo. Alinha-se com o motivo da consulta.
Vincita, em italiano, é uma palavra geralmente usada no contexto de jogatina, competição e apostas, diferente de *vittoria* que, além destes significados, também se refere às vitórias em guerras e batalhas e à superação de dificuldades.
Guia de leitura: APROVEITE. A situação em questão será favorável para você.

Cinco de Copas
Cinque di Cuori

Interpretação da carta

Afeto, generosidade. Contar com o afeto de alguém. Ser alvo da generosidade alheia. Pequenas gentilezas gratuitas. Estima. Consideração. Favorecimento.

Um novo admirador. Pessoa que observa de longe. Seguidor. *Stalker.* Timidez. Insegurança sobre os próprios sentimentos. Preste atenção ao seu redor: talvez quem você veja não seja quem vê você.

Guia de leitura: ALERTA! Atenção redobrada. Não vacile. Esteja de prontidão, antecipe o inesperado.

Quatro de Copas
Quattro di Cuori

Interpretação da carta

Família, harmonia, amigos. Estar com quem gostamos, estar "em casa", pessoas que pensam de forma semelhante, parentes, colegas, companheiros, estar à vontade em um grupo.

Um retorno inesperado. Mudança de perspectiva a partir de questões do passado. Rememorar. Reviver. Reencontrar. Redescobrir.

Guia de leitura: DUVIDE. Nada é como se pensa. É saudável aguardar maiores detalhes.

Três de Copas
Tre di Cuori

45

Interpretação da carta

Namoro/noivado, aventura. Possibilidade amorosa correspondida. Ficar com alguém. Encontrar alguém. Aplicativos de relacionamento. Encontro.

Beijos, desejos insuperáveis. É interessante notar como a expressão "desideri inappagati" também pode falar sobre uma certa insatisfação, de uma vontade que jamais se realizada, uma espécie de desassossego. Mensagens no celular, nas redes sociais ou em grupos que acabam indo para pessoa errada. Viralização.

Guia de leitura: REFREIE-SE. Os loucos caminham céleres onde os Anjos avançam a passos lentos.

Dois de Copas
Due di Cuori

Interpretação da carta

Notícias, acontecimentos. Vir a saber de coisas. Informações úteis. Comentários espirituosos.

Espere boas surpresas. Favorecimentos não esperados. Reconhecimento.

Guia de leitura: ENCANTE-SE. O deslumbramento, o sonho, a delicadeza, o "sonhar acordado" vem em muito boa hora.

Ás de Copas
Asso di Cuori

Interpretação da carta

Triunfo, felicidade, amor. Uma das melhores cartas do baralho, aponta para sucesso e realização em todas as áreas – adequando-se, portanto, às áreas da consulta. Tranquilidade no resultado..

Familia se informando sobre você. Curiosidade, mexerico, disposição a ajudar; são todas possibilidades daqueles que não vestem sua pele mas desejam te orientar.

Guia de leitura: BEM. Uma benesse, benefício.

Sete de Paus
Sette di Fiori

Interpretação da carta

Boa notícia, alegria. Algo esperado. Uma novidade. Uma surpresa. A felicidade que se espera, com uma dose de surpresa que a aumenta.

Pedidos exagerados de dinheiro. Embora essa previsão se aproxime dos empréstimos entre amigos, é necessário cuidado em relação aos empréstimos bancários e outros serviços. Abusos que podem ser cortados pela raiz, com elegância.

Guia de leitura: NEGUE. Dizer *não* é necessário, saudável e protege você dos abusos que porventura poderiam te desgastar.

Seis de Paus
Sei di Fiori

Interpretação da carta

Circunstâncias favoráveis. Eventualidades que trabalham a seu favor – encontrar um táxi quando você precisa, o elevador estar no seu andar, dar de cara com o carteiro com aquela encomenda que você espera há dias… A ideia não é você ter garantias, mas surfar as ondas da sincronicidade.

Empréstimo negado. Indica não apenas dinheiro, mas também objetos, ferramentas, favores. É melhor não pedir porque pode gerar algum tipo de indisposição com a qual você não irá querer lidar.

Guia de leitura: SUPORTE. Nada como um dia após o outro. Uma batalha perdida não é a entrega da guerra. Engula esse sapo, outros dias virão.

Cinco de Paus
Cinque di Fiori

Interpretação da carta

Presente, dinheiro. Essa carta aponta para um bom momento, no qual você receberá um agrado, seja um objeto ou um valor que lhe deixará feliz. Use esse item ou esse valor como um instrumento de propulsão dos seus sonhos.

Visitas inesperadas. Embora não seja um prognóstico ruim, é o momento no qual você precisa colocar mais água no feijão, ou seja, dividir o que você tem meio que de surpresa. Quando é gente amada, que feliz fazer isso. Mas essa carta não garante isso sempre.

Guia de leitura: SATISFAÇÃO. Que só tenha espaço nesse momento aquilo que te agrade. Porque é o que a vida vai oferecer.

Quatro de Paus
Quattro di Fiori

Interpretação da carta

Casa, projetos. Essa carta fala do QG, "quartel general", do lugar aonde você começa todos os seus dias, quando abre os olhos pela manhã. Fala do descanso, fala daquela primeira disposição do dia, quando decidimos o que queremos fazer. E, claro, fala do domicílio em si.

Viagem próxima. Deslocamento de fim de semana. Uma festa. Um casamento. Motivos pelos quais se viaja rapidamente.

Guia de leitura: FINALMENTE!. Um clímax ou encerramento há muito esperado.

Três de Paus
Tre di Fiori

Interpretação da carta

Satisfação. Momento de júbilo, reconhecimento, prazer, mimo, agrado, resolução proveitosa.

Mudança de posição. Depende das cartas próximas para entendermos se positiva ou negativa, porém tende a ser uma mudança positiva. Ainda assim, busque o contexto nas demais cartas.

Guia de leitura: MELHORE. Aprofunde, sofistique, resolva, atualize. O caminho do sucesso está no progresso.

Dois de Paus
Due di Fiori

Interpretação da carta

Mudança positiva, viagem. Mudança de residência, de estado, de situação. Ou mesmo uma viagem – que é a mudança de um lugar para outro por tempo determinado.

Desilusão inesperada. Uma reviravolta desagradável, desfavorável e surpreendente dos acontecimentos. Aquele sorriso que morre no rosto. Uma indisponibilidade – não é uma negação completa, mas uma falha no processo. É o famoso "tem, mas acabou": Sabe quando você encontra o que você queria em um catálogo, mas não há estoque disponível?

Guia de leitura: INDIFERENÇA. Uma zona cinza que deve ser respeitada.

Ás de Paus
Asso di Fiori

Interpretação da carta

Surpresa feliz, bom augúrio. Como todos os Ases, essa carta possui o poder de suavizar as questões maléficas e potencializar as benéficas em favor do consulente. Influencia positivamente as cartas que lhe ladeiam.

Correspondência a caminho. Mensagens escritas por qualquer meio — tanto cartas propriamente ditas quanto SMS, whatsapp, redes sociais em geral. Uma resposta esperada.

Guia de leitura: PACIÊNCIA. A sofisticação leva tempo, e o resultado será prazeroso. Saiba esperar.

Sete de Ouros
Sette di Quadri

Interpretação da carta

Bons negócios. É recomendado comprar, vender, trocar, todos os tipos de negócios aos que o consulente se vê ligado tendem a favorecê-lo. Momento de lucro e boa renda.

Testamento. Herança, documento, pacto a ser cumprido, valores monetários que não haviam sido considerados anteriormente.

Guia de leitura: TENHA PACIÊNCIA. Caso você não saiba o momento certo das coisas – algo que vem com a prática ou nasce da perspicácia – um bom algúrio pode nada valer.

Seis de Ouros
Sei di Quadri

Interpretação da carta

Vitória em jogos e competições. Ganhos. Momento favorável para arriscar um pouco mais, a sorte está do seu lado. Resultados obtidos dos estudos e treinos. Potencial realizado.

Benefícios inesperados. Uma virada favorável da Fortuna. Dinheiro, favores, acertos.

Guia de leitura: ALEGRIA. Em italiano, a palavra "letizia" indica uma alegria com capacidade de preencher o coração de forma serena, uma espécie de acalento, ledice. O momento é feliz e passageiro, pois estes momentos, justamente mas mesmo a felicidade passageira é bem vinda.

Cinco de Ouros
Cinque di Quadri

Interpretação da carta

Desenvolvimentos. Não há nada certo para que se confie tão cedo. Tenha um pouco mais de calma e perspicácia, nada garante que as promessas serão cumpridas. Entretanto, a tendência é de progresso a médio prazo.

Fortuna próxima. Um golpe de sorte futuro, que faz o presente ter valido a pena, em relação ao esforço empreendido. Uma promessa.

Guia de leitura: INDIFERENÇA. Nada é garantido, e não há sequer a certeza de que alguém possa te ajudar em um revés da Fortuna; assim sendo, não abaixe a guarda. Por outro lado, tenha cuidado com os problemas que chegam até os seus ouvidos: Tendem a ser menos sérios do que aparentam e gastar sua energia à toa.

Quatro de Ouros
Quattro di Quadri

Interpretação da carta

Novidades discretas, também podendo significar "decentes" ou "na medida ou intensidade necessárias". O essencial sendo cumprido, as necessidades satisfeitas, a proteção da intimidade e novos caminhos sendo traçados.

Viagem curta. Passeio de fim de semana, encontro de amigos, ida a uma cidade próxima, festividade, feriado.

Guia de leitura: PREPARE-SE. Na semente está guardada toda a árvore que ela se tornará. Esteja pronto para um crescimento de suas potencialidades.

Três de Ouros
Tre di Quadri

Interpretação da carta

Trabalho, iniciativa. Uma empreitada. Um serviço pontual. Um trabalho. Uma entrega. Uma prova. Questões pontuais que se resolvem em um único dia.

Boas novas próximas.

Guia de leitura: ALEGRIA. Um evento fortuito que faz toda a diferença no seu dia, mas que não necessariamente impacta de forma definitiva.

Dois de Ouros
Due di Quadri

Interpretação da carta

Viagem, mudança. Aponta para as alterações tanto físicas, quanto subjetivas. Mudanças podem começar de dentro para fora, e gerarem, inclusive, uma troca de residência ou uma jornada de médio prazo, como um intercâmbio.

A revelação de um grande segredo. Se se apresentar de forma negativa para ti, cuidado com senhas de banco, de redes sociais, cuidado com mensagens comprometedoras e quaisquer atitudes que sejam condenáveis aos olhos dos outros. Embora na intimidade todos tenham seus esqueletos no armário, é muito mais fácil apontar o dedo para quem deixa o seu sair de lá.
Se se mostrar favorável para ti, é a descoberta do segredo de alguém ou a resposta esperada para a sua pergunta.

Guia de leitura: CAUTELA. Todo cuidado é pouco quando se faz necessária a discrição.

Ás de Ouros
Asso di Quadri

Interpretação da carta

Carta ou notícia. Todo tipo de comunicação é abordado por essa carta, desde o comentário ou recado dito por alguém próximo, o SMS, a mensagem em rede social, o e-mail, a carta. A informação que se espera, pelo meio mais rápido ou mais fácil. Afinal de contas, no século XIX não havia internet...

Pedido de casamento. O assumir de um compromisso, publicamente. Um investimento de longo prazo.

Guia de leitura: ESPERANÇA. Reflita sobre os sonhos que você vem acalentando e saiba: eles estão próximos da realização.

4 CONSULTAS DIVINATÓRIAS

As leituras que propomos partem do livreto *Antica Cartomanzia Classica,* aos cuidados de Pier Lucas Pierir R. Em contato com o autor, obtivemos a autorização para explorar aspectos desse jogo de forma mais intensa, e, com nossa prática diária, verificamos questões que permitiram que atualizássemos aspectos práticos da leitura. O resultado dessa vivência você tem nas próximas páginas.

Para proceder com o jogo, serão necessários, além de um baralho, uma toalha para forrar o local do jogo e seu diário de jogos. O baralho pode ser de qualquer natureza – o que você tiver à mão; embora a Tradição recomende que seja um baralho virgem, lembremo-nos que a Cartomancia é uma prática estruturada na simplicidade. Se você não tem um baralho virgem ainda, providencie, por respeito ao crescimento que você deseja ter, mas não condicione seus estudos ao momento em que você tiver um baralho adequado. O momento é agora, com o que você tem à mão.

É muito difícil conseguir um baralho francês no Brasil; um

baralho genovês, então, seria um achado! Podemos usar um baralho comum de padrão internacional – esse que encontramos em qualquer loja de conveniência. Retire as cartas que sobram para esse jogo e pronto.

Uma sugestão que fazemos é que você escreva os significados nas cartas do baralho. Assim, ficará muito mais fácil de decorá-los. Existem três possibilidades para isso:

1. *Você comprar um baralho de papelão.* Assim, poderá escrever nas margens com qualquer caneta esferográfica. Além disso, normalmente são baralhos mais baratos, o que não te deixará ter dó de escrever neles.
2. *Você comprar um baralho de plástico.* Você conseguirá escrever com uma caneta permanente, como as que são usadas para marcar CDs. Funciona bem se você tiver a mão firme e não tiver medo de errar.
3. *Você usar etiquetas.* Esse é meu método favorito: usar etiquetas de papel – como as que compramos para impressoras, ou as que usamos para identificar cadernos infantis – para escrever os significados. Fica bem bonito o resultado final, mas o baralho praticamente dobra de espessura. Dificilmente ele voltará a caber na caixa original.

Seu caderno de estudos é importante, mas não imprescindível. Entretanto, quanto mais você registrar o seu desenvolvimento, mais fácil você perceberá aonde está falhando e como melhorar sua visão, assim como celebrar suas previsões corretas e confirmar sua aprendizagem. Muitos jogos que fizemos, durante a escrita desse livro, concretizaram-se em menos de uma semana, por vezes até mesmo no dia seguinte. Como sabemos disso? Porque anotávemos e comparávamos nossos jogos.

5 PRATICANDO A CARTOMANCIA[9]

Método Tradicional

Embaralhe as cartas, tomando cuidado para não virá-las de ponta cabeça[10], coloque-as sobre a mesa com as suas faces viradas para baixo. Corte o baralho ao meio, formando dois montes, ou peça para que a pessoa para quem você está jogando o faça. Pegue as cartas e as disponha da esquerda para a direita, desvirando-as uma a uma, fazendo uma primeira linha horizontal de 8 cartas. Em seguida, forme abaixo dela outras linhas até que haja cinco linhas de 8 cartas sobre a mesa (figura 1).

---

[9] Notas baseadas em Antica Cartomanzia Classica. Nova edição aos cuidados de Pier Lucas Pierir R.

[10] Caso isso aconteça e só seja percebido no momento do jogo, desvire a carta e continue o jogo normalmente.

Figura 1

A Dama de Espadas é a **CARTA DE COMANDO, ou Carta Testemunha,** que representa a pessoa para quem se joga. A carta ou as duas cartas que estão ao lado desta são retiradas e colocadas de lado com a face para cima. Caso a Dama de Espadas saia em um dos cantos, teremos apenas uma carta (figura 2); caso ela saia em outra posição, duas (figura 3).

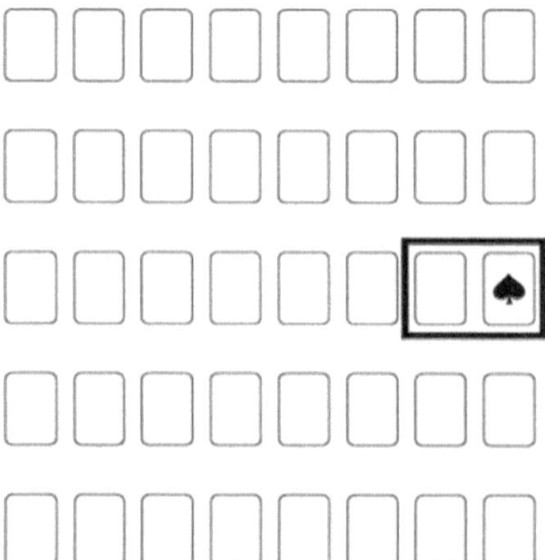

Figura 2

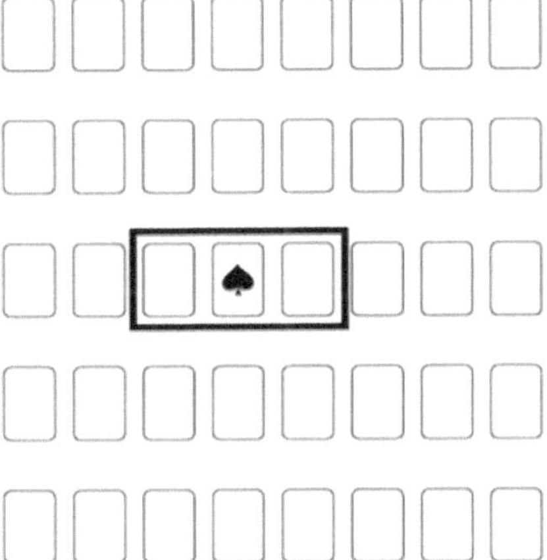

Figura 3

Recolhem-se, então, as cartas que permaneceram, que devem ser misturadas novamente e colocadas sobre a mesa como na última vez, sem importar que na última fila haja menos cartas. Retira-se novamente as cartas que estão do lado da carta testemunha e faz-se o mesmo que anteriormente.

Recolhem-se novamente as cartas permanentes na mesa, embaralha-se e coloca-se pela terceira vez e retira-se a carta testemunha mais a carta ou as cartas que ficam ao seu lado, juntando-as com aquelas separadas anteriormente.

As cartas que sobraram são colocadas de lado, e usam-se as recolhidas nas três últimas jogadas junto da Dama de Espadas, embaralhando-as e dispondo-as em uma fila. Novamente, as cartas do lado da Carta Testemunha são separadas: estas serão as cartas lidas para a previsão (figura 4).

Figura 4

Método Dinâmico

Se há o desejo de "ler as cartas", como é comumente dito, lendo a sorte na primeira tiragem, ou seja, quando todas as cartas são colocadas sobre a mesa da primeira vez, percebam em que ponto está a CARTA TESTEMUNHA e a partir desta consulte as mais próximas dela, seja ao lado que aquelas acima ou abaixo. As regras são as mesmas que aquelas citadas anteriormente: se a Dama de Espadas sai no meio do jogo, haverá mais cartas do que caso ela saia em um dos cantos (figuras 5 e 6).

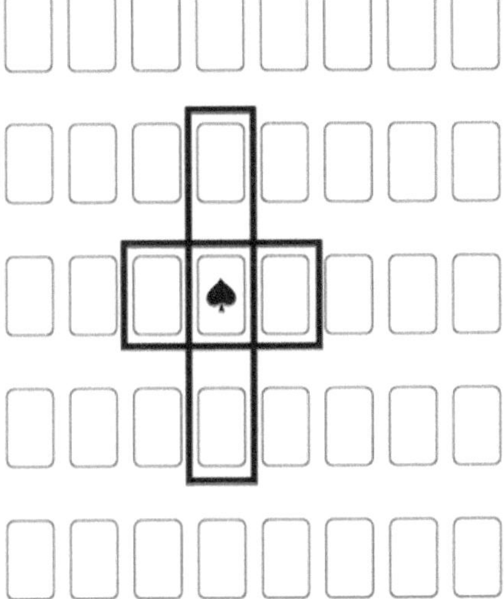

Figura 5

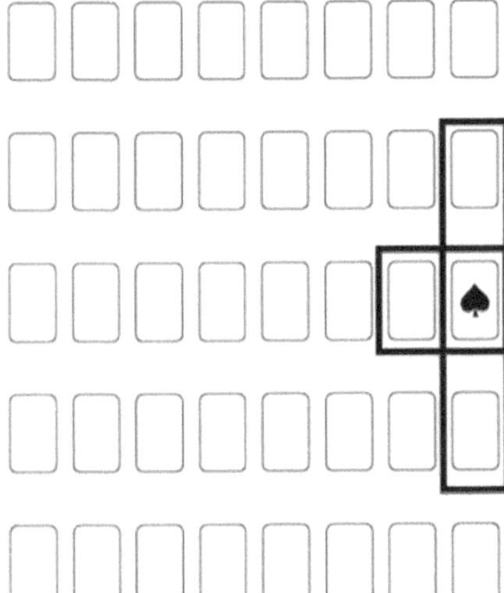

Figura 6

Tendo presente que as figuras de:

OUROS: representam sucesso, alegria, riqueza, saúde, legado, vitória, fortuna.

COPAS: representam amores, prazeres, matrimônio, viagens, simpatias, amizades.

PAUS: negócios, comércio, mal-entendidos, contratempos, inconvenientes, separações.

ESPADAS: perdas, inquietude, rivalidade, desprazer, desgraças, doenças e obstáculos.

Quanto maior o número da carta, mais acentuada é a previsão, seja boa que má. Embora o Rei valha como zero para os jogos de *Lotteria*, para a perspectiva adivinhatória entendemos o Rei como dez.

6 SOBRE A LOTERIA

Os jogos de azar caracterizam um objeto de fascínio no mundo inteiro. A falta de controle sobre os fatores externos e o risco que envolvem as apostas fazem com que o público tenha um olhar muito atraído a eles.

Poderíamos dividir os jogos de azar em dois grupos:

Aqueles que, além dos fatores do acaso, levam em consideração as habilidades dos jogadores;

Jogos cuja principal característica é a impossibilidade absoluta de controle, que requer uma necessidade de fé na própria Sorte, visto que o resultado depende unicamente do acaso. Dentro destes jogos podemos colocar os lançamentos de dados, o embaralhar das cartas e a loteria, que fazem parte de uma das mais sofisticadas engrenagens do acaso, visto que o jogo é inteiramente baseado na ideia do sorteio.[11]

---

[11] Devemos considerar também que os jogos com base na aleatoriedade fazem com que diversas pessoas encontrem maneiras de quebrar as regras, tentando manipular os fatores ligados à sorte a seu favor.

Já que existe a possibilidade de vencer o jogo e ganhar dinheiro – possibilidade que compõe todos os jogos de azar –, as pessoas engajadas na jogatina acabam por não considerar que este baseie-se somente no acaso, fazendo o que for necessário para que haja a vitória. No ano de 2004, os italianos gastaram 23 bilhões de euros em jogos de loteria. (*Codacons.it* 18 jun 2020) O fator financeiro já foi, inclusive, decisivo nas proibições dos jogos de azar, visto que as pessoas costumavam gastar muito na jogatina. Era aconselhado aos italianos que economizassem a mesma quantia ou o dobro daquilo que gastavam em apostas.

A existência da possibilidade, ainda que remota, da vitória leva o indivíduo à aposta e faz com que se crie uma ideia de controle, uma suposição de habilidade que esteja acima do fator externo que compõe o jogo. No momento em que existe a possibilidade de vitória, nasce uma ideia de controle sobre as circunstâncias, criam-se as tentativas de se possuir um controle ou vantagem sobre o jogo: e é aí que nascem as criações de padrões, como no caso das pessoas que apostam nos mesmos números repetidamente, ou mesmo pessoas que apostam em números que acabam sendo menos ou quase nunca sorteados com base em cálculos de probabilidade e as ideias das previsões e construções simbólicas sobre fatores externos.

Nasce a ideia de que alguém é favorecido pelos deuses, de ser uma pessoa sortuda, de "acordar com o pé direito". Tal crença também é responsável pela sistematização simbólica de fatores preditivos relacionados aos jogos de azar.

Na Itália, o *Lotto* é a loteria mais popular, sendo legal na península desde 1576. O *Lotto* baseia-se no sorteio de 5 números de 1 a 90, tendo sorteios a níveis regionais e nacionais. Com a popularidade crescente deste jogo, começam a serem publicados também almanaques com sugestões de números para apostas, com diversas características: poemas com significados dos números, datas comemorativas relacionadas a santos, etc. Os famosos *pianeti della fortuna*, almanaques com previsões gerais para os homens, mulheres e crianças e indicações de números a serem apostados, viraram uma febre no mercado italiano no século XX. Ao longo dos séculos, surgiram diversas formas de "adivinhar" os números da loteria desenvolvidos na Itália: dos almanaques às bênçãos dadas pela Igreja, das proibições governamentais em apostas em números considerados perigosos às crenças populares. Dentre as simbologias mais populares a respeito dos números, podemos citar com destaque a *Smorfia*, cujo nome provavelmente deriva de Morfeu, o deus grego do sono; um dicionário de sonhos que interpreta imagens de pessoas, animais, objetos e locais de acordo com associações cabalísticas e que, a partir de tais associações, indica um número.

Instruções para apostar os números da *loteria, lotto* e do bingo com o baralho.

Em italiano, há duas palavras para "loteria", referindo-se a jogos de aposta diferentes: o "lotto" é similar à nossa "Mega-Sena" e jogos do tipo, feito a partir do sorteio de 5 números de 1 a 90. "Lotteria" é o grupo de apostas do qual o "lotto" faz parte, assim como no Brasil temos, além da "Mega-Sena", a "Loteria Federal", "Lotofácil", etc. Dadas as diferenças entre os sistemas de jogo italiano e brasileiro, decidimos adaptar as regras de forma a viabilizar o uso dessa técnica conforme a loteria no Brasil.

Isso não significa que estamos garantindo que você irá ganhar no jogo com essa técnica, mas sim que é uma possibilidade de uso dado ao baralho pelo sistema italiano que consideramos interessante compartilhar para que não se perca. Teste, use, aproveite sua sorte. Nós também estaremos testando.

Para apostar na Mega-Sena

Embaralhe o baralho, corte-o na metade, junte-o novamente e faça uma fila vertical de 5 cartas, começando de cima. Faça, então, uma segunda fila do lado da primeira, como anteriormente. Faça uma terceira fila da mesma forma, mantendo-a um pouco separada das duas anteriores, fazendo uma quarta fila ao lado desta; e então uma quinta eu uma sexta, uma sétima e uma oitava. O resultado deverá ser oito filas de cinco cartas, sendo separadas em quatro conjuntos de filas de pares (figura 7).

Figura 7

Todas as cartas em PARES de um mesmo naipe dão os números que devem ser jogados no próximo jogo, unindo o número vermelho da primeira carta com aquele da segunda de qualquer fila, formando com os dois números um só.

Se por exemplo na primeira e segunda fila há o três e o rei de copas, um junto do outro, isso dá o número 30. Se o Rei fosse o primeiro na primeira fila e o três na segunda, o número seria o 3, já que o 0 na frente não representa nada, assim como quando o primeiro número é um 7 qualquer número que venha logo representa 0, assim por exemplo se ocorresse um 77, entende-se que o número a ser jogado será o 75.

Caso os números deem uma soma maior que 75, como por exemplo 98, a primeira coisa que deverá ser feita é a sua inversão. 98 torna-se, então, 89, que ainda é maior do que 75. Neste caso, aposta-se no número mais alto da cartela. Caso isso se repita, entende-se que a aposta não deverá ser feita.

Pode ocorrer às vezes que entre as 8 filas de cartas exista somente um ou dois grupos de cartas em pares, de uma mesma cor, neste caso joga-se o número único ou os dois.

Se nenhum par aparece o jogo deve ser refeito.

Para os números da loteria, joga-se somente duas vezes na semana: segunda e sexta.

Para apostar na Víspora ou Bingo

Assim como no caso do jogo para a Mega-Sena, embaralha-se e corta-se as cartas, que devem ser estendidas em colunas de cinco cartas. Porém, neste caso, vira-se a primeira carta e descarta-se a segunda, virando-se então a terceira e descartando a quarta, assim por diante até ser formada a linha de 5 cartas. Este processo deve ser repetido até que haja 20 cartas em quatro colunas de 5 cartas, e 20 cartas descartadas. Todos os 10 números que são lidos são jogados, mesmo que as cartas que formem pares não sejam do mesmo naipe.

Para apostar na loteria

Embaralha-se e corta-se o baralho, virando-se em seguida a primeira carta, colocando-se a parte as cinco cartas seguintes. Vira-se a sucessiva, que deve ser colocada ao lado da primeira e se separam outras cinco cartas, se vira a seguinte e se descartam as outras cinco, e assim sucessivamente até ter na mesa os quatro, cinco ou seis números que são necessários para os seus jogos. É natural que, se os números da loteria não passem dos 99.999, você não poderá obter um número superior.

(CONSIDERAÇÕES SOBRE) BIBLIOGRAFIA

É de fundamental importância perceber que a Cartomancia possui uma estrutura que, para o profissional e pesquisador, é baseada em similitudes – o que nos permite entender *como* um jogo funciona, mesmo que não tenhamos jogado antes. Por outro lado, para a pesquisa, é necessário ficar atento às *singularidades* de cada baralho e de cada sistema de leitura. Foi assim que descobrimos que, apesar das cartas remeterem ao baralho francês, estávamos falando de uma cartomancia específica.

Foi assim que começamos: primeiro, olhando cada uma das cartas como uma mensagem específica - Júlio traduzindo, Emanuel sistematizando um discurso coerente para as camadas de mensagens. Fazíamos perguntas para o baralho e tínhamos respostas muito imediatas; isso já apontava para o sucesso que teríamos à frente.

Após testarmos o jogo e começarmos a elaboração do curso e do livro, buscamos entender como foi a produção do baralho em seu contexto histórico, enquanto entendíamos a mecânica do seu funcionamento.

Isso posto, seguem abaixo, sugestões de leitura que auxiliaram na produção desse conteúdo. Não são livros voltados para a Cartomancia Italiana, pois essa é inédita, até onde sabemos, no Brasil; são o amparo estrutural de nossas, e agora suas, reflexões.

MANN, Sylvia. *Collecting playing cards*. New York: Bell Publishing, 1966.

SANTOS, Emanuel J. *Cartomancia:* Teoria e prática. São Paulo: Alfabeto, 2016.

THE WORLD OF PLAYING CARDS. https://www.wopc.co.uk/

TILLEY, Roger. *Cartes à jouer et tarots*. Texte français de Robert Latour. Paris: Hachette, 1967.

DELLA LOGGIA, Ernesto Galli. *L'identita Italiana.* Bologna: Il Mulino, 1998.

SANTOS, Emanuel J. *"Tipologia de baralhos: funções e leituras possíveis"*. In: Clube do Tarô. Disponível em http://www.clubedotaro.com.br/site/23-tipologias-de-baralho--funcoes-e-leituras-possiveis.asp?fbclid=IwAR1fRsvsZuapssiYQP2jv7N-i8ghxsnlB4uZgNnUVmiOjacXdxiRqVofUbk. Acesso em 26/05/2020

DOSSENA, Giampaolo. *Giochi di Carte Italiani: 81 giochi nazionali e regionali con notizie storiche e letterarie*. Milano: Arnaldo Mondadori Editore S.p.A.. 1.ed. 1984

KAPLAN, Stuart R. *The Encyclopedia of Tarot*, vol. 1. 9. ed. Estados Unidos: U.S. Games Systems Inc, 2007.

DE FAZIO, Andrea. *Il gioco d'azzardo. La rappresentazione del servizio pubblico radiotelevisivo in Italia negli ultimi vent'anni*. Disponível em https://www.academia.edu/3087953/Il_gioco_dazzardo._La_rapp resentazione_del_servizio_pubblico_radiotelevisivo_in_Italia_negli _ultimi_ventanni. Acesso em 17 jun 2020.

LINKS:

https://www.studiarapido.it/gli-appennini-descrizione-suddivisione/. Acesso em 15 mar 2020.

http://www.paginedipoggio.com/?p=4407. Acesso em 15 mar 2020.

Lotto: codacons, sul 53 ogni famiglia ha speso 227 euro. Disponível em: https://codacons.it/lotto-codacons-sul-53-ogni-famiglia-ha-speso-227-euro/. Acesso em 18 jun 2020.

SOBRE OS AUTORES

EMANUEL J SANTOS é licenciado e bacharel em História (UFOP), mestre em Letras/Linguística (UNINCOR) e cartomante desde a infância - seu primeiro baralho foi ganho aos sete anos de idade e, desde então, ele é apaixonado por baralhos. Atualmente dedica-se ao colecionismo e ao estudo das mais diversas cartomancias presentes no mundo. Responsável pelo @pluscartes e podcaster no @dama.decopas.

JULIO SOARES Julio Soares é tarologo e dedica sua pesquisa ao processo histórico de construção dos símbolos do Tarô, principalmente os baralhos produzidos entre os séculos XV a XVIII. Podcaster no @dama.decopas e professor de Tarô, responsável pelo @fortunaarcana.